eビジネス新書

週刊東洋経済

激変の生保
損保の憂鬱

週刊東洋経済 eビジネス新書 No.461

激変の生保・損保の憂鬱

本書は、東洋経済新報社刊『週刊東洋経済』2023年4月15日号より抜粋、加筆修正のうえ制作しています。情報は底本編集当時のものです。（標準読了時間 120分）

激変の生保・損保の憂鬱　目次

【生命保険】総額1兆円に迫る

コロナ患者支援で激変した入院給付金

3年半近くに及んだコロナ禍は保険業界を激変させた。とくに大きなインパクトとなったのが2022年に入ってからのオミクロン株の流行だ。ウイルスの変異によって感染力が高まったが、ワクチン接種などの効果もあって重症化リスクが減退し、無症状や軽症の陽性者が急増した。

政府は新型コロナの感染症法上の分類を新型インフルエンザ等感染症とし、感染者に対しては基本的に入院勧告や就業制限といった措置を取るよう、全国の保健所などに促していた。そのためオミクロン株流行期は、医療機関が軽症者であふれかえる事態が起きてしまった。

みなし入院の支払い急増

そこで厚生労働省は2022年1月下旬、事務連絡を発出。自治体の判断で、本人が提示する簡易検査の結果を用いて医師が新型コロナと診断できるようにした。これにより宿泊施設や自宅で安静・療養を行う、いわゆる「みなし入院」が一段と増加した。

それまでも保険各社はみなし入院に対して医療保険の「入院給付金」を支払っていた。その支払いがオミクロン株流行で急増したのだ。その様子は業界団体の生命保険協会が集計しているデータによく表れている。

累計で1兆円近い支払い
—生命保険各社のみなし入院に対する給付金の支払い実績—

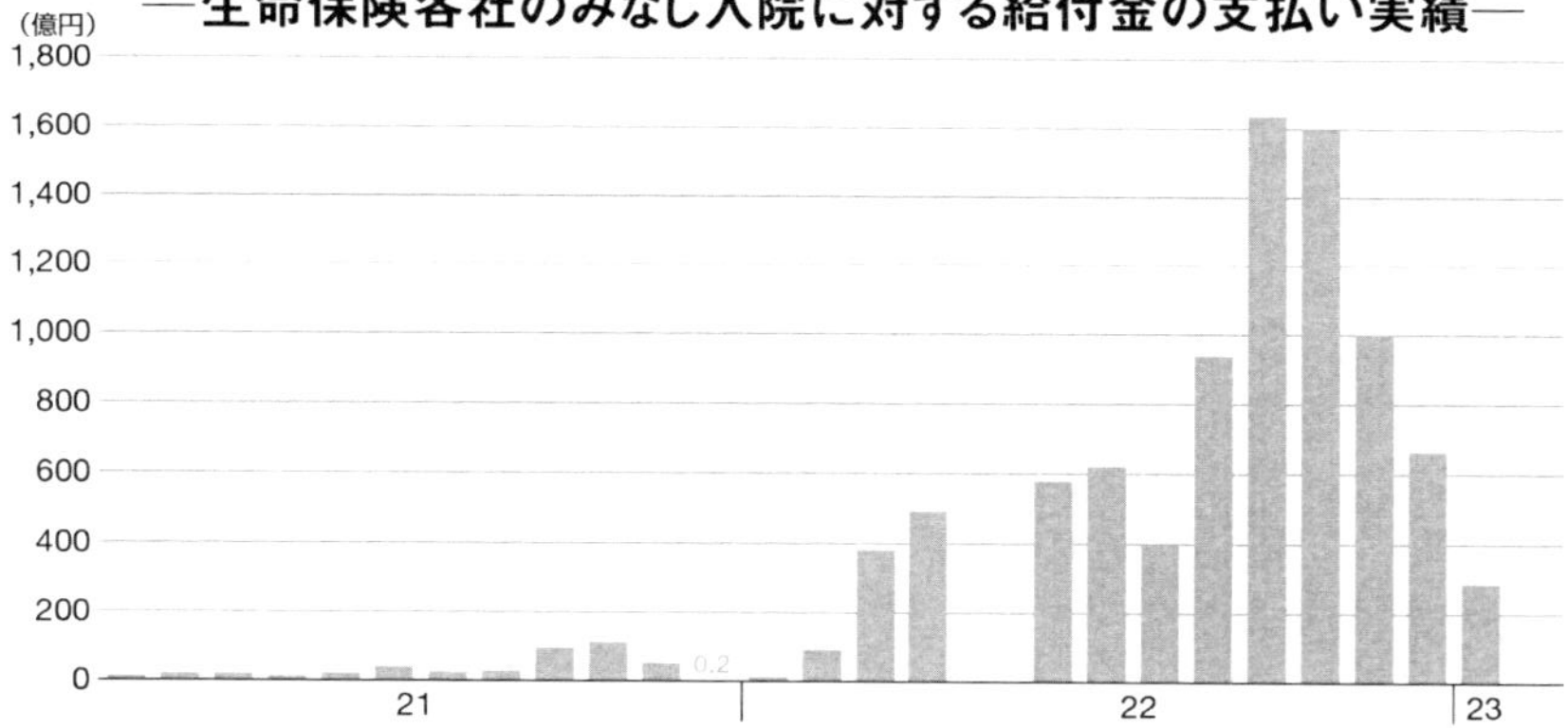

(出所)生命保険協会

コロナ禍当初の2020年は、みなし入院に対する給付金の支払件数は、業界全体で毎月2000件前後しかなかった。だが、2022年に入ってからは、その数が一気に50万件前後にまで膨らんだのだ。

22年9月には1カ月間で200万件近くにまで達しており、入院給付金のうち、98%がみなし入院という異常事態に陥った。

2023年に入り、件数は月30万件前後にまで落ち着いてきたが、それでも前年同月の3倍以上の水準で、生保各社の事務負担が大きい状態が続いている。

財務上の負担も大きい。これまで生命保険業界が、みなし入院に対して給付金を支払った件数は累計で1000万件を超えており、金額では9300億円超と実に1兆円に迫るほどだ。

それだけ幅広い国民の家計の助けになり、生命保険の恩恵や業界の存在感を知らしめたともいえる。だがその裏で生保各社の頭を悩ます問題が起きていた。

それは入院給付金の不正請求だ。新型コロナ陽性とされた人でも、無症状であったり、体がだるいといった程度の軽症者である場合が多かった。

そのような中で、陽性になってから、そのことを告知せずに医療保険を契約し、すぐに給付金を請求していると疑われる事例が急増してしまったのだ。

大手生保の幹部によると、とくに22年2月以降、不正請求の疑義事案が急激に増えたという。前述した厚労省の事務連絡を受けて神奈川県などが「自主療養制度」を開始したタイミングと重なる。

自主療養制度は、基礎疾患のない人を主な対象に、医師の診断によらず市販の抗原検査キットなどで陽性判定が出た場合は、その届け出をしたうえで自宅やホテルで自主的に療養できるようにする制度だった。

「性善説」に立った制度だったが、悪用して入院給付金を請求する人が後を絶たなかったわけだ。生保各社は22年9月、みなし入院に対する給付金の支払い対象を、高齢者など重症化リスクの高い人に限定する措置を取ったが、そこには不正請求の未然防止という要因も多分にあった。

さらに業界最大手の日本生命は不正請求防止の観点から、医療保険などの大幅改定に踏み切っている。

日帰り入院の際に支払う給付金の最高設定額を、40万円から30万円に変更するという異例の引き下げ改定を実施したほか、2023年4月2日以降の契約については契約から14日間は所定の感染症は保障の対象外とする「不担保期間」を一部商品に導入している。

今後ほかの生保も同様の改定で追随するとみられ、契約後すぐに保障開始となることが特徴だった医療保険が大きく様変わりすることになる。

生保各社が商品選出

次章からは、生命保険のうち医療、がん、引受基準緩和型の3大商品について取り上げる。

本誌は生命保険会社24社（注1）を対象に商品アンケートを実施。「審査員」として保障内容が優れている、保険料と保障内容のバランスがよいといった観点で3大商品それぞれについて、1位と2位の商品をプロの目で選定してもらった。

公平性の観点から、生命保険各社には自社グループ以外で優れた商品を選定してもらっている。今後の商品選びや契約見直しの参考にしてもらいたい。

〔注1：商品アンケート回答社〕　五十音順

ＳＢＩ生命
ＳＯＭＰＯひまわり生命
アクサダイレクト生命
朝日生命
オリックス生命
住友生命
ソニー生命
第一生命
大樹生命
大同生命
太陽生命

チューリッヒ生命
東京海上日動あんしん生命
なないろ生命
日本生命
ネオファースト生命
はなさく生命
フコクしんらい生命
フコク生命
三井住友海上あいおい生命
明治安田生命
メットライフ生命
メディケア生命
ライフネット生命

（中村正毅）

医療、がん、引受基準緩和型の3大商品を徹底解説

年間約1900万件の新規契約がある生命保険で、最もボリュームが大きいのが医療保険の分野だ。2021年度の新規契約数は362万件で、前年度比13%も増加した。コロナ禍で2020年度に営業活動を一部自粛していたことの反動に加え、健康不安が広がったことで医療保険に改めて目を向ける人が増えたようだ。

医療保険は生保の利益の源泉。世間の注目度が高まっていることもあり、価格競争と保障範囲の拡大競争が一段と熾烈になっている。

そんな医療保険の比較で注目すべきポイントは何か。詳しく解説していこう。

医療保険

先の商品アンケートで圧倒的支持を集めたのが、住友生命傘下のメディケア生命が販売する「新メディフィットA（エース）」だ。

〔1位〕**新メディフィットA（エース）**
メディケア生命（得点：45）
〔2位〕**終身医療保険プレミアムZ**
チューリッヒ生命（得点：24）
〔3位〕**なないろメディカル礎**
なないろ生命（得点：22）
〔4位〕**ネオdeいりょう**
ネオファースト生命（得点：11）
〔5位〕**はなさく医療**
はなさく生命（得点：9）

医療保険ランキング

メディケアが他を圧倒

順位	商品名／保険会社名		選出者コメント
1 得点45	新メディフィットA(エース)	メディケア生命	20〜30代の保険料が割安で保障範囲とのバランスが優れている／商品改定のスピードが速く高い競争力の維持につながっている
2 得点24	終身医療保険プレミアムZ	ZURICH チューリッヒ生命	メディケアに対抗するような形で保障内容を充実させ保険料を抑えている／精神疾患や収入サポートの特約が特徴的
3 得点22	なないろメディカル礎	なないろ生命	保障内容が広く、引受基準を緩和している／手術給付金倍率が最高60倍で、継続入院日数の短期化など保障が手厚い
4位 得点11	ネオdeいりょう	ネオファースト生命	
5位 得点9	はなさく医療	はなさく生命	

2020年4月に8年ぶりの全面改定をしたことで人気に火がつき、その後も保険ショップなどで高い販売シェアを維持している。

特筆すべきは20代と30代の保険料を低く抑えていること。病気で入院するリスクが相対的に低い若年層に狙いを定め、がっちりと取り込んでいくのがメディケア生命の戦略だ。

23年4月にも小幅改定し、外来手術の給付金倍率を引き上げた。これまでは、先進医療特約に「患者申出療養」を含んでいることが差異化のポイントだった。患者の申し出に応じて、未承認薬による医療などが一定の条件で保障されるものだ。だが他社も同様の商品改定をし、追いついてきた。そのため給付金倍率を引き上げたのだが、これも早晩、他社が追随してくるとみられ、保障内容での差別化は年々難しくなっている。

そこでメディケア生命が力を注いでいるのが、保険ショップなどの乗合代理店と、その募集人（営業職員）に対する業務サポートだ。

例えば、顧客から「会社の健康診断で血圧がやや高いという結果が出たのですけれど、加入できますか？」と聞かれたとする。血圧がどの程度の数値なら加入できるか、商品ごとにきっちり把握し即答できる募集人は多くはない。

そうした際に、募集人がその場でメディケア生命に電話で照会できるよう、「サポートデスク」を設置。契約を引き受ける目安の数値などを、募集人へ機動的に伝えられる体制を敷いている。

契約の可否が即座にわかることは、募集人にとって売りやすさにつながる。そうした代理店、募集人が営業しやすい工夫が、メディケア生命の高い競争力を下支えしているといえそうだ。

契約条件を緩める生保も

ランキングで3位につけたのは、なないろ生命が販売する「なないろメディカル礎（いしずえ）」。

なないろ生命は、朝日生命が代理店チャネルの販売強化を目的に2021年4月に開業した新設の生保だ。

商品アンケートでは、「新設生保ということもあって、攻めた保障内容になっている」という声が多かったほか、「血圧のかなり高い人でも受け入れるなど、契約引き受けの基準をそうとう緩めている印象」という声もあった。

攻めた商品内容でスタートダッシュに成功した格好で、今後も思い切った商品を投入してきそうだ。

上位には入らなかったが、大手生保では唯一、日本生命の医療保険「ニューインワン（NEW in 1）」が複数の票を集めた。

5万人の営業職員が販売し、販管費がかさむため、保険料は割高な水準だ。それでも票を集めたのは、日帰り入院でも数十万円の給付金を一時金として受け取れるという商品性と、コロナ禍で多くの人に給付金を支払った実績が評価されたからだろう。

コロナ禍に関連して日本生命グループは、22年4〜12月の9カ月間で、117万件、1646億円もの入院給付金を支払っている。

そのことで本業の儲けを示す基礎利益が1700億円超も目減りし、経営へのインパクトは大きかったが、業界最大手としての意地は十分に示せただろう。

医療保険トップ5商品比較

価格競争に拍車

		1位	2位	3位	4位	5位
商品名		新メディフィット A(エース)	終身医療保険 プレミアムZ	なないろ メディカル礎	ネオdeいりょう	はなさく医療
保険会社名		メディケア生命	チューリッヒ生命	なないろ生命	ネオファースト生命	はなさく生命
比較ポイント 1回の入院と見なす期間		90日以内	180日以内	60日以内	30日以内	180日以内
通算入院限度日数		1095日	1095日	1000日	1095日	1095日
入院日数無制限特約・特則		3大疾病、8大疾病	8大疾病	3大疾病、8大疾病	3大疾病、8大疾病	3大疾病、8大疾病
比較ポイント 手術時の給付金最高倍率		入院日額×50倍	入院日額×50倍	入院日額×60倍	外来×8倍	入院日額×50倍
継続入院時の給付金支払い		○	×	×	×	×
がん一時金支払い条件		初回：診断確定 2回目以降：入院・通院	初回：診断確定 2回目以降：入院・通院	初回：診断確定 2回目以降：診断確定	初回：診断確定 2回目以降：入院	初回：診断確定 2回目以降：入院・通院
月払保険料例（円） 男性	20代	1,584	1,720	1,830	1,780	1,719
	30代	2,211	2,211	2,369	2,537	2,406
	40代	3,407	3,235	3,434	3,819	3,770
	50代	5,686	5,188	5,524	5,945	6,606
月払保険料例（円） 女性	20代	2,106	1,944	2,263	2,126	2,076
	30代	2,675	2,194	2,766	2,747	2,634
	40代	3,040	2,635	3,187	3,408	3,274
	50代	4,231	3,686	4,438	4,515	4,814

（注）月払保険料例は各社の保障内容など一定の条件の下で試算した　（出所）商品約款やパンフレット、取材を基に東洋経済作成

がん保険

次にがん保険について見ていこう。具体的な商品の比較に入る前に押さえておきたいのが、がんになるリスクについてだ。

保険会社によっては、「日本人の2人に1人はがんになる」などと不安をあおりながら保険加入を勧めてくるが、注意が必要だ。

国立がん研究センターの統計データによると、男性でがんになる確率（累積罹患リスク）が50％を超えるのは85歳以降だ。50代では3％前後、65歳でも10％台前半にとどまる。がんは高齢者の病気ともいえ、働き盛りのときに罹患するリスクはかなり低い。

とはいっても、万が一のときに多額の費用がかかるのであれば、保険で備えておきたいと考える人はいるだろう。では、どのくらいの費用がかかるものなのか。

全日本病院協会の調査では入院費用は胃がんで96万円、肺がんだと82万円というデータがある。

また、公的医療保険の「高額療養費制度」を利用すれば、医療費が100万円以内だった場合、最終的な自己負担額は年収次第で10万〜20万円程度で済んでしまう。

つまり、がんに罹患したら数百万円もの多額な費用がかかるかもしれないという心配は、杞憂に終わることが多いのだ。

それでも、がん保険に加入したほうがよいというのは、差額ベッド代を払ってでも個室でゆっくりと療養したい場合や、重粒子線治療など先進医療を積極的に受けたいという意向がある場合だろう。

その観点でいうと、がん保険の比較ポイントは、保険料をなるべく抑えながら費用が高額になる自由診療などをどこまで手厚くカバーしているかということだ。

〔1位〕**健康をサポートするがん保険勇気のお守り**
SOMPOひまわり生命（得点：54）

〔2位〕**あんしんがん治療保険**

東京海上日動あんしん生命（得点：19）

〔3位〕ネオdeがんちりょう

ネオファースト生命（得点：16）

〔4位〕「生きる」を創るがん保険 WINGS

アフラック（得点：15）

〔5位〕なないろがん治療保険極（きわみ）

なないろ生命（得点：14）

ひまわり生命に評価集まる

がん保険ランキング

順位	商品名／保険会社名	選出者コメント
1 RANKING 得点54	健康をサポートするがん保険 勇気のお守り SOMPOひまわり生命	契約から保障開始までの3カ月間は保険料がない点はかなり魅力的
2 RANKING 得点19	あんしんがん治療保険 東京海上日動あんしん生命	特約付加で自由診療などの費用を通算1億円まで保障している／がん診断給付金特約もあり幅広いニーズに応えている
3 RANKING 得点16	ネオdeがんちりょう ネオファースト生命	自由診療についても主契約で保障している／非喫煙者などの優良体割引がある
4位 得点15	「生きる」を創るがん保険 WINGS Aflac	
5位 得点14	なないろがん治療保険極(きわみ) なないろ生命	

ランキング2位に入った東京海上日動あんしん生命の「あんしんがん治療保険」は、特約によって自由診療の費用を通算1億円まで保障する点がまさに評価された。

首位のSOMPOひまわり生命「健康をサポートするがん保険　勇気のお守り」は、契約から保障開始までの3カ月間は保険料が発生しないという斬新な仕組みが高く評価されている。

引受基準緩和型

引受基準緩和型保険は、持病があるため通常の医療保険には加入できない人向けの保険だ。

加入の条件として「過去2年以内に病気やケガで入院したり手術を受けたりしていないこと」を告知させる商品が多い。

〔1位〕マイ フレキシィ ゴールド

メットライフ生命（得点：33）

〔2位〕FWD医療引受緩和

FWD生命（得点：31）

〔3位〕終身医療保険プレミアムZワイド

チューリッヒ生命（得点：24）

〔4位〕かんたん告知　はなさく医療

はなさく生命（得点：19）

〔5位〕ネオdeいりょう健康プロモート

ネオファースト生命（得点：14）

メットライフに軍配

引受基準緩和型保険ランキング

順位	商品名／保険会社名	選出者コメント
1 RANKING 得点 33	My Flexi Gold（マイ フレキシィ ゴールド） MetLife メットライフ生命	入院や手術の条件を過去1年以内と短く設定している／保険料払い込み免除となる条件が緩い
2 RANKING 得点 31	FWD医療引受緩和 FWD insurance	入院や手術の条件を過去1年以内と短く設定している／若年層における保険料の価格競争力が高い
3 RANKING 得点 24	終身医療保険プレミアムZ ワイド ZURICH チューリッヒ生命	主契約で通常の医療保険と変わらないような保障が受けられる／手厚い保障ながら保険料を全年代で低く抑えている
4位 得点 19	かんたん告知 はなさく医療	はなさく生命
5位 得点 14	ネオdeいりょう 健康プロモート	ネオファースト生命

ランキング首位のメットライフ生命「マイ　フレキシィ　ゴールド（My Flexi Gold）」や、2位のFWD生命「FWD医療引受緩和」は、加入条件としての入院や手術を「過去1年以内に受けたことがない」と期間を短く設定し、より加入しやすくした点が支持を集めた。

引受基準緩和型保険の弱点は、保険料が高いこと。通常の医療保険の2倍以上ということも多々あり、契約者の負担は大きい。

そのため、高額療養費制度を利用したときの自己負担の見込み額と、年間で支払う保険料をしっかり見比べたうえで、加入が妥当か判断するようにしたい。

外貨建て保険

今回、外貨建て保険については商品アンケートによるランキングの対象から外している。

相続対策ニーズの高まりなどから高齢者を中心に根強い人気があるものの、「契約した覚えがない」「元本割れするとは思っていなかった」などという苦情、トラブルが絶えず、金融庁が注意喚起を続けていることがその理由だ。

外貨建て保険の販売は、銀行窓口での販売がコロナ禍で難しくなったため、一時下火になった。

ところが、2022年春以降は米国などの金融引き締めによって、状況が一変。円安ドル高が急速に進み、それを契約獲得の絶好のチャンスとみた生保や銀行が強烈な営業推進をかけたことで、高齢者が再び飛びつき始めたのだ。

とくに投資性の強い一時払い（一括払い）の外貨建て商品は「平準払い（月・年払い）の3倍の売れ行きで、かつての活気が戻ってきた」と、業界関係者から歓喜の声が聞こえてくる。

銀行窓販では、三井住友海上プライマリー生命と第一フロンティア生命が激しいトップ争いを繰り広げ、日本生命と明治安田生命がやや苦戦を強いられている。日本生命と明治安田生命は、各地域銀行に対して、大株主としての立場をちらつかせながら、自社商品の販売を推進するよう働きかけており、地銀側からは深いため息が漏れている。

そうした保険各社の強引な営業活動がまかり通れば、いずれ販売現場からの苦情増加となって跳ね返ってきそうだ。

（中村正毅）

節税保険　残った規制の抜け穴

法人向けの節税保険をめぐって、金融庁は２０２３年2月、外資系のエヌエヌ生命保険に対して行政処分を下した。

金融庁が問題視したのは、「低解約返戻金型逓増定期保険」という法人向け商品を利用した租税回避行為だ。同商品は契約から5年が経過すると、契約者が受け取る解約返戻金が大きく跳ね上がる仕組みになっている。

その仕組みを利用して、契約者は5年目になる直前に契約の名義を、法人から役員個人に変更し契約を譲渡。そうすると、返戻金は税制上個人の一時所得として扱われることになり、役員報酬を支払うときと比べて、所得税の負担を大きく軽減できるのだ。

通称「名変（名義変更）プラン」などと呼ばれており、エヌエヌ生命は同プランを前面に押し出した営業を展開していた。

そもそも国税庁は2021年3月、名変プランの乱売に業を煮やし、税務処理ルール（所得税基本通達）の改正を周知していたが、エヌエヌ生命はそれ以降も陰で販売を続けていたという。

エヌエヌ生命に対する処分内容などを記した公表資料には、業務改善に向けて実施すべきこととして、適切な募集管理態勢の確立やビジネスモデルのあり方の検討など、さまざまな項目が並ぶ。

処分理由に関する説明では、節税効果を過度に強調した保険募集が横行し、エヌエヌ生命として防止策が機能しているかの確認すら実施していない、という記載もある。

もはや「金融機関としての体をなしていない」（金融庁幹部）状態にあり、その経営責任は重大なはずだ。

経営責任を問えない

それにもかかわらず実は、処分項目の中に、「経営責任の（所在の）明確化」という文言はない。

金融庁による行政処分において、「経営責任の明確化」は、実施すべき項目として必ずといっていいほど明記されているものだ。2022年7月のマニュライフ生命保険に対する行政処分では、処分項目のいちばん初めに書かれていた。

マニュライフ生命では、節税保険の販売を主導した当時の社長らが、アフラック生命保険にすでに転職。そのため転職組に対して経営責任を取らせる処分を金融庁が下せないという問題があった。それでも金融庁は責任追及の姿勢を緩めなかった。金融機関を対象とした「フィットアンドプロパー原則」という、取締役の資質や適格性に関する規定を持ち出し、アフラック側に粘り強く対応を求めたのだ。

その結果、前社長ら転職組をアフラックの取締役から外したり、マニュライフから受け取った退職金を返納させたりするなど、あくまでアフラックの自主的な対応という形で処分につなげてみせたのだ。

転職による「逃げ得」を許さず、経営責任の明確化にこだわるのが金融庁だ。それなのにエヌエヌ生命の経営陣に対しては、同じことを表立って求めないのはいったいなぜなのか。

理由は単純明快だ。エヌエヌ生命で節税売りを主導していた前社長が、ベルギーに飛び立ってしまったからだ。ベルギーには親会社の一部機能がある。金融庁がフィットアンドプロパー原則を持ち出して、何らかの形で責任を取らせたくても、当人が日本国内にいなければ不可能に近い。

エヌエヌ生命に対する行政処分において、経営責任の明確化という項目が盛り込まれず、「経営姿勢の明確化」という文言にすり替わっているのには、そうした背景があるのだ。

金融庁の認可責任

金融庁にとって悩ましいのは、こうした現状が節税保険に対する規制の抜け穴になりかねないという点だ。

外資系生保などが海外の親会社から社長を送り込み、トップダウンで短期間のうちに節税保険を拡販。さらに金融庁の処分を受ける前にさっさと日本を離れてしまえば、経営責任をうまく回避できてしまうことになる。

であれば、節税効果が見込める保険商品を金融庁が認可しなければ、抜け穴を通るような行為も発生しなかったはずだが、事はそう単純ではない。

そもそも保険商品の認可に際して、金融庁は税金部分にはタッチできず、保険料や保険金の設定などが適切になされているか、という点を主眼に審査している。

企業が支払った保険料を経費（損金）としてどこまで認めるかについて、法人税基本通達などで定めているのは、あくまで国税庁だ。そのため商品認可の手続き上、節税効果が見込めることを理由にして、金融庁が首を横に振ることは現実的には難しい。

国税庁としても、保険を活用した租税回避行為が広がらないように、たびたび通達を改正して節税保険を1つずつ潰している。

しかしながら、「節税保険は消滅しないだろう」と大手生保役員は声を潜める。

金融庁や国税庁が規制を強化している現在も、長期平準定期保険、変額定期保険といった商品を利用した節税術や、「30万円特例」と呼ばれ、一定条件を満たせば年間30万円以下の保険料を全額損金として算入できる節税術がまかり通っており、いたちごっこはいまだに続いている。

エヌエヌ生命に行政処分を下した3日後の2月下旬、金融庁は明治安田生命保険に対して立ち入り検査の実施を通告し、業界内に大きな衝撃が走った。

明治安田生命もかつて、マニュライフ生命やエヌエヌ生命と同様に、逓増定期の名変プランを強力に販売推進していた時期があるからだ。

節税のからくりを解説した指南書（私製の募集文書）の存在も取り沙汰されており、「立ち入り検査によって実態をあぶり出そうとしているのではないか」（大手生保幹部）という見方もある。

2019年以降の節税保険の規制をめぐる主な経緯は、以下の通りだ。

・2019年2月：国税庁が法人定期保険への規制強化を業界に伝達。通称「バレンタインショック」
・2019年6月：国税庁が節税保険への規制強化を趣旨とした法人税基本通達の改定を公表
・2021年3月：国税庁が低解約返戻金型逓増定期保険への規制強化を業界に伝達。通称「ホワイトデーショック」
・2021年6月：国税庁が節税保険への一段の規制強化を趣旨とした所得税基本通達の改定を公表
・2022年2月：金融庁がマニュライフ生命に立ち入り検査。FWD生命、SOMPOひまわり生命、エヌエヌ生命に報告徴求命令
・2022年7月：逓増定期保険の販売をめぐり金融庁がマニュライフ生命に対し業務改善命令
・2022年9月：金融庁がエヌエヌ生命に対し立ち入り検査

・2023年2月：逓増定期保険の販売をめぐり金融庁がエヌエヌ生命に対し業務改善命令
・2023年3月金融庁が明治安田生命に立ち入り検査

規制の抜け穴を完全に封じるのは難しい中で、金融庁は当面、立ち入り検査などを通じて生保各社への圧力を強め、その実効性を高めていく方針のようだ。

（中村正毅）

ミニ保険　成長市場に行政処分が相次ぎ暗雲

「スマホ保険」「旅行キャンセル保険」「孤独死保険」「ストーカー対策保険」――。消費者の隙間ニーズを狙ったようなユニークな商品が続々と登場しているのが、「少額短期保険（少短）」だ。

保険金額が、医療保険であれば最大80万円と少額で、保険期間も1～2年と短期であることから、「ミニ保険」とも呼ばれる。

2006年に生まれた新しい保険分野で、事業を行うのは免許制の保険会社ではなく、登録制で行える保険業者だ。個別商品についても保険会社のような認可制ではなく、審査条件付きの届け出制となっている。そのため機動的に商品を開発し投入できるのが特徴だ。

そうした参入障壁の低さから、ここ数年、さまざまな業種の企業が参入した。業者数は3月時点で120社にも上る。

1000万件を突破

市場規模は2021年度の収入保険料ベースで1277億円。保有契約件数はついに1000万件を突破し、1054万件に上っている。保険料、保有契約ともに毎年10%前後の高い伸びが続いており、そんな成長市場を狙って、近年は大手保険会社も続々と参入してきている。

日生、東京海上も参入

少額短期保険業界の新規参入業者一覧

会社登録・参入時期		会社名	主な保険商品
2019年	2月	ZuttoRide少短	盗難
		Mysurance	費用
	5	フェリクス少短→登録抹消	弁護士費用
	6	あおぞら少短	賠責
	8	アイアル少短・住友生命	医療
20	2	アシロ少短	弁護士費用
	5	宅建ファミリーパートナー	家財
	7	つばき少短	ペット
	8	スマートプラス少短	医療
		ジェイコム少短	費用
	9	ZEN少短	家財
		ダブルエー少短	費用
	12	SUDACHI少短	医療
21	2	大同火災WiL少短	家財
	3	第一スマート少短	医療
	5	i-SMAS少短	費用
	6	リトルファミリー少短	ペット
		MICIN少短	医療
	10	ユアサイド少短→登録抹消	医療
	12	ワランティ少短	費用
22	3	ニッセイプラス少短	医療
		ゼアー少短	費用
	6	Emyii少短	家財
	11	きずな少短	—
	12	アフラックペット少短	ペット
		タカサキサービス	—
23		トキオマリンエックス少短	費用
	2	あさひ少短	—
		レジデントインシュアランス少短	家財

(注) 色字は大手保険会社の傘下少短(出所) 取材を基に東洋経済作成

市場規模の拡大が続く

—少額短期保険業界の収入保険料と保有契約件数の推移—

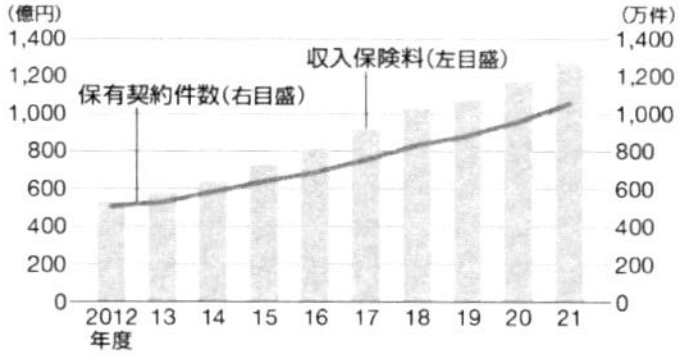

(出所)日本少額短期保険協会

２０２３年２月に新規参入したのは、東京海上日動火災保険傘下のトキオマリンエックス少短だ。大手企業の商品やサービスに親和性の高い保険を組み込み、企業側のブランドで提供することを主体としている。

そもそも東京海上は、傘下に「ウエスト」と「ミレア」という２つの少短をすでに抱えている。両社とも家財保険をメインに扱うため、それらの事業網は活用せず、デジタル主体の少短を新たに立ち上げることにしたという。

第１弾商品として、コンビニ大手のローソンと連携して３月から販売を始めたのが「バイク盗難お見舞い保険」だ。バイクが盗難に遭った場合、車種によらず一律８万円を「お見舞い金」として支払う。毎月の保険料は２７０円で、若年層に向けてスマートフォンで契約手続きを完結できるようにしている。

経営不安に陥る業者も

新規参入業者によって市場が活気づき、業界規模が勢いよく拡大する一方で、２０２２年以降は経営不安を招き監督官庁から行政処分を受ける少短が相次いでしまった。

2019年5月　「エイ・ワン少短」が業務改善命令
　同年9月　「ペッツファースト少短」が業務停止・改善命令
2020年9月　「ライフエイド少短」が業務停止・改善命令
2022年6月　「ペッツベスト少短」が業務停止・改善命令
　同年6月　「ジャストインケース」が業務改善命令
2022年8月　「ペッツベスト少短」が業務停止命令
　同年9月　「ペッツベスト少短」が業務・財産管理命令
　同年9月　「ユアサイド少短」が業務停止・改善命令
同年12月　「ユアサイド少短」が登録取り消し

その1つが、ジャストインケースが販売していた「コロナ助け合い保険」をめぐる行政処分だ。ジャストインケースが「最大限安価な保険料でシンプルな保障を備えられる」としてコロナ保険を発売したのは、2020年5月のことだった。

商品発売時の案内には「不安を抱えるすべての人に向けた保険を贈るという挑戦を決意した」と記していたが、感染拡大のスピードを読み誤ったことで、2022年春には保険金の支払額が保険料収入の6倍近くにまで膨らんだ。

そのため契約者に約束した保険金の支払いが難しくなり、既契約者を含めて保険金額を大幅に削減するという禁じ手を打ってしまった。

少短は保険会社と違い、経営破綻時に契約者を保護するセーフティーネットがない。そうした緩い規制の中で、契約者の利益を侵害し、経営不安を引き起こしたことの影響は大きい。

さらに22年9月には、ペット保険を扱うペッツベスト少短が保険金の支払い遅延を起こし、2度の業務停止命令を受けた後に経営破綻するという事態も起きている。

ペッツベストの顧客はアフラック生命が引き継いだ。過去にアフラックが買収を検討し、資産査定までしていた経緯があったからだ。目下、保険金が未払いとなっている顧客への対応をアフラックが進めている。

またアフラックは、ペット保険の少短準備会社を22年11月に設立し、23年4月以降、米ペット保険のトゥルーパニオンと連携して事業を本格的に始める計画だ。

少短の行政処分をめぐっては、22年12月に岡山県に本店を置くユアサイド少短が開業からわずか1年余りで登録取り消し処分を受けている。

同社は子供向けの医療保険を販売していたが、新規契約数が事業計画を大きく下回り、取締役や株主からの借入金で何とか事業費を賄う状況が続いていた。目に余るようなずさんな経営だったことから、少短として登録を認めた中国財務局にも批判の声が上がるほどだった。

金融庁はそうした事態を重くみて、2023年1月、少短に対する監督指針の改正案を発表。財務の健全性や業務の適切性に懸念のある少短業者を早期に把握し、適切な対応を促すため監視体制を一段と強化する方針だ。

今後も少短業者への行政処分が続くような事態になれば、新規参入のハードルが上がり、成長が続く市場に冷や水を浴びせることになりかねない。

（中村正毅）

抜け出せない生保営業職員不祥事の連鎖

「未然防止や再発防止のための取り組みが形式的・表面的なものにとどまらず、営業現場の隅々にまで浸透するよう、実効性のある管理態勢を整備・確立していくことが課題となっている」

これは金融庁が2022年秋に公表した「保険モニタリングレポート」で、生命保険業界が抱える課題として記した一節だ。

大手生保を中心に、営業職員による金銭詐取事案が依然として頻発する中で、業界を挙げて取り組みを徹底するよう圧力をかける意味合いがあった。

同レポートの公表と時を同じくして、業界団体の生命保険協会（生保協）は、営業職員の管理態勢をめぐる新たな指針の策定に着手。協会長の稲垣精二氏（第一生命会長）が旗振り役となり、営業職員チャネルを持つ２０社のトップと意見交換するなど、急ピッチで策定作業を進めることになった。

「ガイドライン（指針）として、業界に一律での自主規制を求めるのは筋が違うのではないか」

複数の生保からそうした反発の声が出る状況で、複雑に絡み合った利害関係のひもをほどくのは簡単ではなかった。当初は２０２２年中に指針を取りまとめるとしていたが、実際にこぎ着けたのは２３年２月になってからだ。

そのタイトルは「営業職員チャネルのコンプライアンス・リスク管理態勢の更なる高度化にかかる着眼点」。「指針」の文字が抜け落ち「着眼点」となっているあたりに、一部生保の後ろ向きな姿勢がにじみ出ている。

ただし、その中身はというと、各社が管理態勢の強化に向けて取り組む際の原理・原則を、大きく１５項目に分けて詳細に記しており、あとで言い訳できる逃げ場をなくそうとしていることが伝わってくる。

協会長会社として管理指針取りまとめに奔走した第一生命の苦労がしのばれるが、そもそも新たな指針が必要な状況をつくったのは第一生命でもある。

金銭詐取事案が頻発

2020年10月、第一生命は元営業職員が総額19億円の金銭詐取事件を引き起こしたと公表した。元職員は特別調査役という第一生命で唯一与えられた肩書を利用し、「特別調査役に特別な特権・権限が与えられた。私にお金を預けたほうがよい」などと言って、顧客などに架空の投資話を持ちかけては金銭をだまし取っていた。

全国で約4万人いる第一生命の営業職員の中で優秀成績職員として新聞広告にもたびたび登場していただけに、一営業職員の不祥事では済まされず、稲垣氏は当時社長として謝罪会見に追い込まれている。

その後、事態を重くみた金融庁は生命保険協会（生保協）を通じて、営業職員の管理に関する実態調査に踏み切ることになった。

2021年4月に公表した実態調査では、19億円の金銭詐取事件を「特異な事例」としたうえで、当時の根岸秋男会長（当時の明治安田生命社長）は営業職員の管理について「各社に共通する課題や見直すべき問題点、また業界として課題視すべき事態は認められなかった」という発言をしていた。

ところが、それ以降も第一生命をはじめとして、金銭詐取事案が各社で継続的に発生。「いったい何をもってして、課題が認められなかったと言っていたのか」（金融庁幹部）と、金融庁の不興を買うことになった。2021年以降の主な金銭詐取の事例を示そう。

・2021年4月【第一生命】北海道の営業職員が保険料の名目で約654万円、長野県の営業職員が架空の投資話で約4836万円を詐取

・同年8月【ソニー生命】内勤社員が海外子会社の口座から170億円を不正流出さ

せ詐取
・同年12月【第一生命】埼玉県の営業職員が解約返戻金など約3800万円を詐取
・同年12月【メットライフ生命】営業職員が契約者貸し付けなどを悪用し約7000万円を詐取
・2022年4月【メットライフ生命】大阪府の営業職員が保険料の名目などで約4700万円を詐取
・同年6月【ソニー生命】神奈川県の営業職員が2005~12年の期間、契約者貸し付けなどを悪用し約1億0700万円を詐取
・同年6月【大同生命】山形県の営業職員が保険料名目で約1000万円を詐取
・同年6月【明治安田生命】東京都の営業職員が契約者貸し付けなどを悪用し約2000万円を詐取
・同年6月【日本生命】2017~21年度に営業職員15人が、契約者貸し付けなどの悪用で総額約1億3800万円を詐取と公表
・2022年10月【日本生命】阪神支社の営業部長が架空の投資話などで金銭を詐取

・同年12月【東京海上日動あんしん生命】大阪府の営業職員が解約返戻金など約3億8000万円を詐取

さらに金融庁と生保協は22年1月にかけて2度目の実態調査に踏み切り、それが新たな管理指針を策定する契機になった。

指針を公表した直後の23年3月には、日本生命の長崎支社の元営業職員が架空の保険商品を提案するなどして約1530万円をだまし取る事案が発覚している。

不祥事が連鎖する事態を現場の営業職員はどうみているのか。

「伝説の営業職員」と呼ばれた柴田和子氏が名誉会長を務め、生保の営業職員を中心に約4万人の会員を抱えるJAIFA（生命保険ファイナンシャルアドバイザー協会）は、「営業職員は、お客様一人ひとりに真摯に向き合い『安心』と『満足』を提供する顧客本位の活動が重要であると考えている。そのため、一部の営業職員による不祥事案が起こってしまったことはとても残念であり、今後、不祥事がなくなることを望んでいる」と文書で回答した。

生保協が策定した管理指針については、「内容に対する評価をする立場にはないが、当協会としても連携できることは連携していきたい」としている。

大量離職が招く悪弊

生保協調べの営業職員数は全国で24万人。そのうち6割強に当たる15万人は国内大手4社の営業職員が占めている。

「これだけの数がいれば、年間数件の不祥事に対して、いちいち目くじらを立てるのもどうなのか」という声が業界関係者から時折聞こえてくる。だが生保は免許制の金融機関だ。法令順守に対する体制や意識が、その程度で本当によいのだろうか。

そもそも不祥事が頻発する構造的な要因に対して、生保各社がどれだけ正面から向き合い解消しようとしているのか。構造的な要因とは営業職員の大量採用・大量退職、いわゆる「ターンオーバー問題」だ。

「ターンオーバー」の解消は道半ば

—主な生命保険会社の営業職員の動向—

	営業職員数（人）			25カ月目在籍率		
	2022年	19年	13年	22年	19年	13年
日本生命	51,542	53,868	51,681	55.1%	50.9%	44.3%
第一生命	39,527	44,265	43,948	59.7%	52.1%	36.3%
明治安田生命	36,434	32,095	29,141	55.6%	54.8%	47.8%
住友生命	31,210	30,012	29,099	43.4%	42.4%	33.5%
朝日生命	14,404	11,667	12,514	40.5%	25.0%	23.5%
フコク生命	9,747	9,713	10,595	33.2%	29.3%	16.5%
太陽生命	8,969	8,622	9,018	45.4%	37.2%	35.3%
大樹生命	7,430	7,186	8,253	49.6%	40.4%	33.7%
DAIDO 大同生命	3,601	3,796	3,991	40.7%	27.0%	28.9%

（注）各年の基準月は各社で回答が異なるため、2022年は年末、19年と13年は年初から最も近い月末の数値を採用した　（出所）各社へのアンケートと取材などを基に東洋経済作成

先の表からもわかるとおり、入社から25カ月目の在籍率は10年前に比べ改善してはいるものの、各社5割前後にとどまっている。いまだに採用した人のおよそ半数が2年の間に退職してしまうという状態だ。

コンプライアンス研修で意識を徹底させようにも、短いスパンで顔ぶれが大幅に変わってしまってはどうしても実効性が乏しくなる。

さらにターンオーバー問題は別の問題も引き起こす。それは優秀成績職員への依存と忖度だ。支社ごとに契約獲得数などの営業目標を課すケースが多い状況で、新人が定着しないのであれば、おのずと優績職員に頼らざるをえない。

そうなると優績職員の立場が強くなり、部長や支社長でも口を挟めなくなる。何か注意でもしようものなら、「役員の携帯に直接電話して不満をぶちまけるといったことは、この業界ではよくある話」（大手生保幹部）。そうしたことが、優績職員が日中どこで何をしているのか、誰もわからないという状況を招くわけだ。

第一生命の19億円事件をはじめとして、生保各社の金銭詐取事案はそうした優績者に対する管理・監督不足に起因している場合が多い。

第一生命では、長年にわたって染み付いてしまった悪弊を改善しようと、特別調査役などの肩書を見直した。採用についても人材の質を高めるために、ピーク時の半分以下に新規採用数を絞り込むといった取り組みを進めている。

業界内では、営業職員チャネルの改革が最も進んでいるのは第一生命という声が多い。だが実はその裏側で、経営陣主導による必死の取り組みに冷や水を浴びせるような事案が発生していたことはほとんど知られていない。

同事案が発覚したのは、2021年秋のこと。当時、高齢の優績職員が付き合いの深い顧客に、投資話を持ちかけていたことがわかったのだ。預かった金銭をだまし取ったり、投資仲介で手数料を得たりしていたわけでは決してない。

ただ、投資先が筋悪の業者とは知らずに紹介したことで顧客が損失を抱えてしまい、優績職員はそれに焦ったのか「損失を自腹で補塡していた」（第一生命元役員）という。

これは保険業法に照らして、直ちに違反になるような行為ではない。しかし第一生命が優績職員の営業適正化を進める中で、あってはならないグレーな行為だった。

第一生命社内でも一定の影響力を持つ優績職員だっただけに、同事案を知った役員たちの衝撃はそうとう大きかったようだ。

同事案について、第一生命は「営業職員を守りたいので、個人が特定できるような形で記事にしないでもらいたい」としているが、はたして今後どこまで隠し通せるだろうか。

この事案がきっかけかは定かでないが、金融庁は今、明治安田生命への立ち入り検査で、副業や投資勧誘行為の有無について、営業職員へヒアリングを進めている。もし同様の事例が多数見つかるようなことがあれば、金融庁の逆鱗（げきりん）に触れ、さらなる処分や規制強化があるかもしれない。

（中村正毅）

代理店品質評価制度の行方

生命保険業界における一大プロジェクトが、ようやく日の目を見た。

2023年2月、生命保険協会が主導し業務品質が高い代理店を認定する新たな制度で、全国42の乗り合い代理店が初めて認定されたのだ。

同制度の検討を始めたのは2020年6月のこと。

ほけんの窓口グループをはじめとした代理店13社、代理店の業界団体、生保42社に加え、金融庁もオブザーバーとして参加し議論を開始。以降20回以上にわたる会合を重ねて、実効性のある評価項目などを関係者で練り上げてきた。

制度開始初年度となる2022年度に、認定のための調査を申し込んだ代理店は54。そのうち約7割が、生保15社以上の商品を扱う大規模代理店だった。

認定に向けた調査は22年9月に開始しており、契約時における顧客の意向把握の実施状況から顧客情報が入ったパソコンの取り扱いに至るまで、評価項目数は合計150項目に上る。

中でもクリアするハードルが高いとされたのが、個人用パソコンの使用に関する項目だ。代理店業界では、自らの得意客の個人情報を持ち出す形で、ほかの代理店に移籍してしまうというケースが珍しくない。

そうした不健全な個人情報の取り扱いを是正するため、評価項目では「個人所有電子機器（パソコン等）の業務利用の禁止」のほか、「個人所有電子機器への個人情報の保存を禁止していることが定期的に確認・管理されている。または、システムにより個人所有電子機器の利用および個人情報の保存を制御している」と定めている。

そのため、個人用パソコンの業務使用を認めていた代理店にとっては、会社名義の新たな端末の購入といった初期投資に加え、継続的なシステム投資などランニングコストの負担が必要になってくる。

その負担増に見合うだけのメリットが、評価制度を利用することではたして得られるのか。それを測りかねて認定申し込みを逡巡する代理店経営者は少なくなかったようだ。

手数料優遇の利点も

そうしたハードルを見事乗り越えた42の代理店は、生保協のホームページなどで認定代理店として紹介された。

さらに今後、代理店が委託元の生保に定期的に提出している業務の「自己点検表」の代替として、評価制度の調査結果を活用する取り組みも始まる。多数の生保の商品を扱う代理店にとって、生保個別に点検表を提出する負担は重い。評価制度によってそれを代替できることのメリットは、代理店にとってかなり大きいだろう。

しかも一部の生保では、業務品質に対する評価に応じて代理店に支払う手数料を1割前後の範囲で優遇することを検討しており、制度の利用を強力に後押しする要因になりそうだ。

生保協は2023年度、新たな認定に向けて60以上の代理店を調査する計画だ。評価項目については、公的保険制度の情報提供態勢を新たに盛り込んだほか、個人情報の管理方法などほかの項目と一部重複していたものを削除している。

項目数は全体で133項目に絞り込んでおり、制度をブラッシュアップしながら、代理店業務の水準底上げにつなげる考えだ。

（中村正毅）

大手・中堅・外資の7人が放談！

【覆面座談会】 生保営業職員　赤裸々に語る現場の真実

契約者に対する金銭詐取事件やコンプライアンス違反などが続発する生命保険の営業職員チャネル。約2年前から取材を続ける中で何度「それは本当の話ですか？」と言ったかわからない。

それほどまでに営業現場は世間の常識と懸け離れていることがある。そして複数の営業職員から何度も同じ話を聞くにつれ、そこに生保営業の「真実」が隠されているとの思いに至った。

今回は大手生保4社（日本生命・第一生命・明治安田生命・住友生命）、中堅生保2社（太陽生命・大樹生命）、外資系生保1社（メットライフ生命）の合計7社の営業職員に個別に話を聞き、その内容を座談会風にまとめて掲載する。忖度なしで赤裸々に語られた言葉にこそ、生保の営業職員チャネルの改革につながるヒントがちりばめられている。

各営業職員のプロフィールは以下のとおり。【】は本文中での発言者

【日生】日本生命（40代）入社10年目
【第一】第一生命（30代）入社7年目
【明治】明治安田生命（50代）入社15年目
【住友】住友生命（30代）入社9年目
【太陽】太陽生命（20代）入社3年目
【大樹】大樹生命（50代）入社8年目
【メットライフ】メットライフ生命（40代）入社20年目

横行する「名義借り」不正

――生保会社の営業現場の取材では驚かされることばかりです。現在、皆さんが直面している問題をお聞かせください。

【日生】日本生命には約1600の営業部があるのですが、私が所属するある首都圏の営業部ではコンプライアンス違反が入社時から横行しています。知人の名前を借りて保険契約を成立させる「作成契約」はその最たるもので、とくに営業経験の長いベテラン職員は当たり前のように行っています。

私にも上司から「名義借り」の圧力がかかりました。そのような不正をするぐらいなら、査定落ちして解雇になったほうがまだまし、と考えています。

【第一】第一生命は営業職員制度改革の真っ最中です。2022年4月から新規に採用した営業職員の初任給を大幅にアップし、入社から5年間はその給与水準をほぼ維持できるような体系に変えています。営業職員になるための採用の基準も高くして、

「数より質」への転換を図っているようです。
ただ、新人の処遇がよくなる一方で、私のような入社6年目以上の営業職員との間で給与水準の逆転現象なども起きており、新しい制度がもたらすひずみに不安を感じています。

【明治】明治安田生命には先日から金融庁の検査が入っており、お客様から「また業務停止命令が出るのか」と言われるなど、不安な気持ちにさせてしまっています。
金融庁からのアンケートにも全職員が回答しましたが、私は「コンプライアンス違反がなくならない理由」については、「営業職員制度を含めて、会社のやり方に問題がある」という主旨のことを記入しました。

【住友】「採用、採用」と追い立てられる組織風土に悩んでいます。「住友生命の営業職員は採用をして出世する」といわれており、新規の保険契約を獲得できなくても、新人の営業職員を採用すれば給与が上がり、部下を指導する立場に昇ることができます。

しかも「つけ成績」といって、上司が取ってきた保険契約を部下の成績として計上し、部下のノルマをクリアさせることも行われています。楽をすることを覚えた新人の職員の営業力は高まりません。もしかしたら、うちの営業部だけ特殊なのかもしれませんが、採用実績が高く評価される今の制度に疑問を感じています。

【太陽】営業職員の採用活動に力を入れているのは太陽生命も同じです。私も時間があるときはハローワークの前に立ち、仕事を探している人に声をかけて、採用イベントに誘っています。

1人採用すると数万円分の商品券をもらえたり、給与が上がったりするので、「飛び込み営業」をして新規のお客さんを探すよりは効率がいいと感じてしまいます。

【大樹】大樹生命では22年度は特別な取り扱いとして営業成績に基づく査定を緩くして、ノルマ未達による解雇を減らしていました。23年度はいったいどうなるのかと思っていましたが、4月からは生保・損保どちらの保険商品でも、「3カ月に1件の契約を取れば解雇されない」ということが発表されました。

　他社と比べても非常に緩いノルマで、会社としては退職者を減らす一方で採用数を増やして、営業職員の人数を増加させる狙いがあると思います。実際に、緩いノルマを魅力として、新人の営業職員がさらに新人を連れてくるということが起きています。

【メットライフ】 20年以上、外資系生保の営業職員として働いてきて強く感じているのは、営業職員に重いノルマを課し、ターンオーバー（大量採用・大量脱落）を続ける今のビジネスモデルでは、お客様の信頼を勝ち得るのは不可能だということです。

　当社でも、1年間に採用した人数とほぼ同数が同じ年に退職し、担当者不在の「孤児契約」が増えて、それがクレームにつながっています。また、新契約の獲得に重きを置いたノルマ達成のために不適切な募集や不正契約が発生していることは、生保営業職員チャネルの大きな課題だと考えています。

――節税保険の販売や営業職員の管理体制に関連して、明治安田生命に金融庁の立ち入り検査が入りました。そのことをどう知りましたか。

【明治】私はネットのニュースや新聞の報道などで知りました。ただ、会社からは何の発表も通達もなく、営業職員の中にはお客様から教えてもらった人も多かったみたいです。その報道から何日か経って、金融庁からの要請のためアンケートに回答するようにと朝礼で言われましたが、そのときに検査が入ったことを初めて知って、驚いた職員もいたぐらいです。

金融庁アンケートの中身

アンケートについては、節税保険の販売実態や副業の有無に関するものに加えて、コンプライアンス違反に関する質問が多かったと思います。全体で20問ぐらいあったでしょうか。

具体的には、「会社からコンプライアンスに関しての指導があるか？」「指導があるにもかかわらず、違反がなくならないのはなぜか？」「優績者が違反をした場合、目をつぶるようなことはないか？」などを問われました。その質問を見て、「うちの会社、名義借りなどの不正が多いのだろうな」と正直思いました。

ただ、アンケートは紙でなく、自分のタブレット端末に入力する形式だったため、キーボードを打つのが苦手な高齢の営業職員の中にはきちんと回答できていなかった人もいたようです。

【メットライフ】メットライフ生命でも「次はうちに金融庁の検査が入るのではないか？」との噂が飛び交った時期がありました。

当社の営業職員による約7000万円の金銭詐取事件が発覚した直後の2021年12月末ごろのことで、会社はなぜか、既契約を解約させて新規で保険に加入してもらう「乗り換え募集」の比率が高い人の社内調査をしたようです。

かんぽ生命の不正は言うに及ばず、JA共済でも不適切な乗り換え契約が問題視されているように、社内的にも何か懸念があったのかもしれません。

結果的には金融庁の検査は入りませんでしたが、同じ年の8月から第一生命に検査が入っていたこともあり、経営層はそうとうピリピリしていたようでした。

——第一生命では高齢の営業職員による約19億円の事件が問題になりました。その後、営業現場に変化はありましたか。

【第一】コンプライアンス研修が頻繁に行われるなど、非常に厳しくなったと感じています。コンプライアンス部の調査員が定期的に複数名でオフィス（営業拠点）を訪れて、かばんや机の中などをチェックしていきます。

また、経営陣と営業職員らが直接対話をする機会も増えるなど、以前より風通しがよくなったと感じています。問題行動を起こした社員について、会社の内部通報窓口に告発したところ、すぐに本社の担当者が飛んできたという話も聞いたことがあります。

——第一生命は業界に先駆けて営業職員の給与水準を大幅に引き上げるとともに、

採用人数を絞り込んで、営業職員の質を高めようとしています。

【第二】ただ先ほども言ったように、新人は5年間、毎月ほぼ額面で20万円以上の給与が保証されている一方で、6年目以降の営業職員には月額給与が10万円台の人はざらにいます。私自身も月によっては手取りで10万円を切ることもあります。

何より懸念しているのが、そうして入社した営業職員がオフィスに配属になって、中堅以上の職員からいじめを受けたりしないかということです。私はどちらかというとパワハラなどを受けてきたほうなので、新しく入社する職員を守ってあげたい。でも中には新人の処遇がよいことを面白く思わない人もいるわけです。

営業職員の質を高めるという改革の方向性は正しいと思いますが、個人的には新しい営業職員制度の下で入社する新人職員のオフィスは別にしたほうが問題の発生を抑えられるような気がします。

月額給与が10万円以下に

――生保営業の世界では、1～2年目の新人層よりも中堅層の給与のほうが低くなることがある。その実態には驚かされています。

【日生】日本生命では、育成部に所属する入社から2年以内の職員の場合、一定程度の給与水準は守られていますが、3年目に専門部へ進んだときに、一気に給与が下がる人が少なくありません。

私も入社から2年間は手取りで月額15万円ぐらいもらっていましたが、3年目以降は7万～10万円程度となり、最も少ない月で3万円ということもありました。最低賃金保障があっても、社会保障費や労働組合費、物品購入費などの控除が重く、何のために働いているのかと思うことがしばしばあります。最低基準ではありますが、3カ月から半年ごとにある営業ノルマはクリアできているのに少なすぎます。

【住友】住友生命の場合、入社から2年間は3カ月ごとに合計8回の査定があり、8回目の査定で「主任」以上の職位に上がるのが理想とされています。ただ保険の契約件数などのノルマを毎回クリアするのは容易ではなく、3年目以降に主任に到達できず給与が下がっていき、手取りで10万円を下回る職員もいます。

――21年度はコロナ禍によって十分な営業成績を上げられずに退職した職員も多く、営業職員数を前年度から減らした生保会社が多かったようです。その反動で22年度に入って採用活動に再び積極的な生保会社が増えたように思います。先ほどの話ですと太陽生命さんは採用活動に意欲的ですね。

営業職員は女性が中心。2021年度はコロナ禍で減少
—2021年度の各社の営業職員数と前年度からの増減—

社名	女性	男性	2021年度末合計	21年度採用数
日本生命	5万3624人	242人	**5万3866人** ↓	**8299人** ↓
第一生命	4万0399人	1071人	**4万1470人** ↓	**2979人** ↓
明治安田生命	3万6390人	3人	**3万6393人** ↑	**6193人** ↓
住友生命	3万4278人	386人	**3万4664人** ↓	**6118人** ↑
太陽生命	8534人	0人	**8534人** ↑	**2084人** ↓
大樹生命	7347人	268人	**7615人** ↓	**1140人** ↓
MetLife メットライフ生命	371人	3744人	**4115人** ↓	**578人** ↑

(注)上向き矢印は前年度から増加、下向き矢印は前年度から減少
(出所)各社のディスクロージャー誌などを基に東洋経済作成

【太陽】毎回の朝礼で「採用、採用」と言われるので、すっかり洗脳されています（笑）。私たちは「コンビ活動」といって2人1組で営業活動などをしていますが、採用活動もコンビで行います。

会社の採用イベントに営業職員の候補者を連れてきたり、実際に営業職員として採用できたりした場合は、会社がWebサイトやテレビCMなどを通じて集めたお客様の情報を一定期間、もらうことができます。飛び込み営業だと成約率はわずかですが、そもそも保険ニーズがある見込客をもらえるので成約率はぐっと上がります。

その一方で、採用ができない人はこうした見込客の情報がもらえないので、毎日飛び込み営業をしています。

占い師「今が転職の時機」

【大樹】23年4月からは、新人の営業職員を採用した際のインセンティブが今までよりも高くなっています。1人採用すると、保険契約を1・5件獲得したのと同じ評価をしてもらえるうえ、その新人が長く勤めるほど給与加算が増えて最大11万円の増加につながります。会社はそこまでして営業職員の数を増やしたいのだなと思います。しかも採用イベントには占い師を呼んで、うちに来るように仕向けています。

【メットライフ】当社もスカウトと呼ばれる採用活動を営業拠点単位で積極的に行っています。採用人数がゼロの拠点よりも、「10人退職しても9人採用する」拠点のほうがなぜか評価される不思議な世界です。

――大手生保の採用状況はいかがですか？

【日生】日本生命は「わかば」と呼ばれる採用活動にずっと力を入れています。労働組合の資料を見ると、近年は退職者数が増加した結果、22年末にはついに5万人を割り込んだそうで、会社は相当な危機感を持っています。

営業職員候補者の最終学歴を中学卒業にまで広げるとともに、外国人の採用も増えているようです。

そして、当社も採用イベントには占い師が欠かせません（笑）。私も「今が転職の時機ですよ」と言われて勧誘されました。

【第一】第一生命では年齢の上限は49歳で、社会人経験があることが必須となっています。主婦でも社会人経験がない人は採用していません。以前に比べて採用基準を高くしているため、目標の採用人数に到達できずに苦労しているようです。

【明治】明治安田生命では、今までと変わることなく、「女性なら誰でもいい」という感じの採用活動が行われています。「第一生命の営業職員数に追いつきそうだ」という声も社内から聞こえてきます。採用数に差が出るのは当然で、質を重視する姿勢がまったく見られないのは残念です。

【住友】住友生命が採用活動に力を入れているのは前述のとおりですが、私が思い出すのは、私を採用してくれた営業職員から入社する直前に「貯蓄性の保険に加入していなかったね。入社したら皆であなたをサポートするからね」と言われ、断れない雰囲気の中で保険に加入させられたことです。

当社に限らず、生保会社が新人の営業職員を採用し続けるのには、「本人や家族、知人の契約が取れる」という理由があるのではないかと勘繰りたくなります。

法令違反の要因はノルマ

――最後に、生保業界では金銭詐取事件やコンプライアンス違反が続けて起きています。理由はどこにあると思いますか。またそれを防ぐにはどうしたらよいと思いますか。

【明治】営業職員個人だけでなく、営業所にも支社にも本社からノルマが課せられていて、毎月その達成に追い立てられていることが、コンプライアンス違反が発生する最大の理由だと思います。その月が終わってもすぐに翌月のことを考えなくてはならず、毎月毎月「あと〇件契約が足りない」などと上から責め立てられるのです。こうした状況下で発生するのが名義借りや代筆などのコンプライアンス違反だと考えます。

【メットライフ】金銭詐取事件を起こす背景には、お金に困り「自分の生活を守るため」ということがあると思います。

被害額が数億～数十億円の巨額な詐欺事件は別として、続発する多くの詐取事件は生活苦がその背景にあるはずです。それを防ぐためには、営業職員全員を固定給の正社員にして、そこに保険契約の獲得実績に応じて歩合給をプラスする給与体系に変えるのがいいと思います。

【日生】コンプライアンス違反の大きな理由は、「グランプリ」という会社全体の表彰制度にあると思います。支社長や営業部長は、優秀な営業成績と採用実績を達成しグランプリで表彰されることをいちばんの目標に掲げています。

それに邁進するあまり、営業職員に無理な契約の獲得と、新人職員の採用を迫っているように思います。そのことによって、営業職員がどんどん追い詰められていく。いいかげん、そのような表彰制度は廃止してほしいです。

（高見和也）

「不正防止の仕組みを強化　窓販と海外の成長を加速」

日本生命保険　社長・清水　博

――営業職員の管理高度化に向けた新たな指針（着眼点）について、どう評価していますか。

各社の社長が明示的な形で関わり、その原理原則を協会としてまとめたことには大きな意義がある。これはあくまで始まりで、各社が今後フォローアップし、ＰＤＣＡ（計画、実行、評価、改善）を回すことが必要だ。それを回す過程で現場任せにせず、各社の社長が積極的に関わっていくべきだと考えている。

――新たな指針がまとまった直後の3月に、日本生命は長崎支社で元営業職員による金銭詐取事案があったと公表しています。どう受け止め、再発防止策の実効性をどう高めていきますか。

直近でも不祥事案が発生し、関係者や顧客の方々に深くお詫びしたい。不祥事案ゼロに向けて、さらなる努力を重ねていく。再発防止の実効性を高めるに当たっては、意識の浸透と教育の徹底、それから仕組みの問題がある。

意識の浸透に関してはトップのメッセージが最も大事で、とにかく不祥事案はゼロにするのだということ、顧客からの信頼の上にわれわれは成り立っているのだということを、現場に行ったときには本当に繰り返し言っている。

しつこいぐらい繰り返しているのは、意識を強めてもらうことに加えて営業職員の顔ぶれがつねに変わるからということもある。

一方で、仕組みの強化も重要だ。（契約者貸付制度を悪用する事例が多いため）70歳以上の契約者が契約者貸し付けを利用する場合には、内勤職員など営業職員以外の者が取り扱うような仕組みに変更しようと考えている。

また今、営業職員一人ひとりとの面談の中で、お金をいくら借りているかとか、生活がどれだけ苦しいかといったことをヒアリングして、できるだけ明らかにするようにしている。質問の仕方やどこまでカバーするかとかいったことには改善の余地があるが、実情を把握し内部でのチェックをさらに強めていく。それによって未然防止、早期発見につなげたい。

――営業職員の大量採用・大量退職問題にどう向き合っていきますか。また営業職員5万人体制は以前に発言されていたように「死守する」方針ですか。

営業職員が多いほど顧客へのサポートが手厚くなる。契約者利益の観点でも5万人の営業職員を抱えたい。が、数量に関し強い目標はない。現在1000万人を超える契約者がいる中で、営業職員の数を増やし、より多くの保有契約を得ることは、大数の法則でリスクを低減し財務基盤が安定することにもつながる。

一方で、(営業職員が大幅に入れ替わる)ターンオーバー問題を十分に解消できていないのは事実だ。入社5年内の離職率をいかに引き下げるかがポイントで、一律2年だった育成期間を最長5年に延ばしているほか、全国に3300人いる人材育成の専管職員のレベルアップを進めることも重要だ。

――トップライン（保険料収入）業界首位については、日本生命としてどこまでこだわりますか。

首位にはこだわりたい。トップラインが利益の源泉であるし、業界の中でいろいろな指標についてトップであることが、職員の誇り、働きがいを支えている部分があるからだ。後れを取った原因は、金融機関窓販と海外事業だ。これら2つの事業の成長を徹底して加速させていく考えだ。

（聞き手・中村正毅）

清水　博（しみず・ひろし）

1983年、京都大学理学部卒業、日本生命入社。2009年執行役員総合企画部長、16年取締役専務執行役員、18年から現職。徳島県出身。

「5年後在籍率を40％へ　非保険領域にも注力」

住友生命保険　社長・高田幸徳

――2030年を見据えた新たな経営計画のポイントは。

大きな柱は「ウェルビーイングデザインへの進化」だ。ウェルビーイングは幸せや健康などと訳されるが、われわれは「よりよく生きる」と定義している。保険を通じた安心の提供に加えて、健康増進への貢献や充実した暮らしを支えるサービスなどでイノベーションを起こしていく。

2030年にウェルビーイングの価値提供顧客数を2000万人にすることが目標だ。4月からは健康増進プログラム「バイタリティ」を保険と切り離し、単独で顧客に有償提供している。

――バイタリティを住友生命傘下のメディケア生命の商品に付加する計画はありますか。

メディケアの商品を販売する代理店チャネルでは、他社との比較上、商品の説明をシンプルにすることが何より重要だ。健康プログラムの説明もとなると、一定の時間がかかってしまう。

一方で、顧客がメディケアの商品とバイタリティ単独のサービスを、自ら組み合わせることは考えられる。そうしたときにどのようなシナジーを発揮できるかは、中期的な戦略として考えたい。

――生命保険協会が取りまとめた営業職員の管理高度化に向けた新たな指針（着眼点）について、どう評価していますか。

管理態勢におけるそれぞれの好事例を各社が自社の取り組みにブレークダウンできる、よいものになっているのではないか。当社においても不断の取り組みを進めてきたが、着眼点を活用しながら、足らざるものはないか強化すべきものはないかを確認して、さらなる高度化を図っていく。

――営業職員の大量採用・大量退職問題については、どう解消していきますか。

社長に就任した時に、営業職員の5年後在籍率を2倍にすると打ち出した。その一環として営業活動がしやすくなるような対策をさまざまに講じてきている。顧客のライフステージによっては、今は保険に加入するときではないという人もいる。保険以外のニーズに合わせた商品を開発して提案の幅を広げることなどを通じて、営業職員に対する顧客からの評価を高め、さらに在籍率の向上につなげていきたい。5年後の在籍率は現在の25%から40%まで高めていく計画だ。

――営業職員3万人体制は今後も維持していく方針ですか。

住友生命の顧客数は約700万人。新たな経営計画では2000万人に価値提供をするとうたっている。ウェルビーイングはデジタルやネットだけでは広がりづらい。人を介してサポートすることが必要で、そのために最低でも3万人の職員は必要だ。

―不正防止に向け、営業職員チャネルのあるべき姿をどのように描いていますか。

各社とも不祥事故はあってはならないこととして取り組みを進めてきている。悪意を持った人の行動をどう防ぐかという仕組みが重要だと考えており、1線と呼ばれる営業現場、2線のコンプライアンス部門、3線の内部監査部門のうち、1線と、1・5線と呼ばれる本社の営業推進部門によるチェック体制と統制を一段と強化していく考えだ。

(聞き手・中村正毅)

高田幸徳(たかだ・ゆきのり)

1988年、京都大学経済学部卒業、住友生命入社。2017年執行役員企画部長、18年執行役常務、21年から現職。大阪府出身。

浮上する自動車保険料の値上げ

インフレの大きな波が損害保険業界にも押し寄せている。大手損害保険各社が4月以降、足元の物価高を踏まえて、整備業者に支払う事故車などの修理工賃を大幅に引き上げる方向で、ついに動き始めたのだ。

各社とも2022年の消費者物価指数（全国）が年平均で前年比2・5％上昇していることを踏まえ、修理工賃を同率以上引き上げる方針だ。2％を超える引き上げで大手各社が足並みをそろえるのは、業界による修理工賃の統一をやめた1994年以来初めてとみられる。

東京海上日動火災保険、損害保険ジャパン、三井住友海上火災保険、あいおいニッセイ同和損害保険の大手4社が引き上げるのは、各社が自動車などの整備業者と個別に協議して取り決め（協定）を結ぶ「指数対応単価」だ。

指数対応単価は、整備業者の人件費などを加味した作業1時間当たりの単価を指す。6000〜8000円程度に設定されている業者が多く、工賃レート、レバーレートなどとも呼ばれている。

その対応単価に、損保各社が出資する「自研センター」（千葉県市川市）が作業内容ごとに細かく設定した、作業時間の指数（標準作業時間指数）を掛け合わせることで、適正な修理工賃を算出。そこに交換した部品の代金などを加えて修理費用の総額をはじき出し、整備業者が損保各社に請求するという仕組みだ。

インフレで各社が引き上げ方針
―修理費用算出の仕組み―

指数対応単価

修理作業1時間当たりの単価。整備業者の人件費などを基に損保各社が個別に交渉し設定する。 6000～8000円程度に設定されている業者が多い。工賃レート、レバーレートなどとも呼ばれる

指数

標準作業時間指数。1時間＝指数1.0。損保各社が出資する自研センターが作業内容ごとに細かく指数を設定している

指数対応単価 × 指数 ＝ 修理工賃

修理工賃 ＋ 部品代 ＝ 修理費用

（出所）取材を基に東洋経済作成

「闇カルテル」の過去

そもそも損保業界は過去に、修理費用の適正化と総額抑制を狙って業界団体が「標準対応単価」を設定し、各社がそれをほぼ一律で整備業者に適用していた経緯がある。しかし、その業界慣行には独占禁止法の禁じる「闇カルテル」の疑いがあるとして、1994年に公正取引委員会から警告を受けた。以降は損保各社が物価の動向を見ながら、個別に対応単価を決める形となっている。

1990年代後半以降は、バブル経済崩壊による景気悪化やその後の金融危機などで、国内の物価は下落基調で推移してきた。にもかかわらず損保各社はデフレ下であっても対応単価を引き下げる改定についてはほとんど実施してこなかった。

その理由は整備業者との交渉が難航したからにほかならない。整備業界は国会議員などへの陳情活動を欠かさず、一定の政治力を持っているのだ。

そもそも工賃をめぐって整備業界の関係者は、「損保会社から長年安い工賃でこき使われてきた」（大手整備業者幹部）という思いを長年抱えてきた。

他方で２０１４年には消費者物価指数が前年比で２・７％も上昇、工賃が引き上げられるかと思いきや、損保各社はそれまでの累積の物価下落分が大きかったことを理由にして、対応単価を引き上げようとはしなかった。

だが１４年以降、消費者物価指数は緩やかな上昇基調にあるほか、コロナ禍の収束やロシアによるウクライナ侵攻などに伴って、インフレが世界各地で急激に進んだ。２０２３年に入ってもその勢いは増しており、さすがに大手損保各社も対応単価の大幅な引き上げは避けられないとみている。

値上げの根拠に利用？

対応単価の引き上げは、損保にとって支払保険金の拡大につながる。さらに自動車などの部品代も値上がりしており、コスト増の大きな要因になる。

そのため今後、損保各社が自動車保険料を値上げする際の理由として利用してくる可能性がある。そこで注意したいのは、修理費用の増大がはたして損保の収益環境を大きく悪化させるものかどうかという点だ。

そもそも損保各社は、一部の契約者にとっては制度の改悪ともいえる「事故あり等級制度」の導入や保険料の段階的な値上げによって、自動車保険事業の利益率をこれまで高めてきた。

さらにいえば、コロナ禍による行動制限によって自動車の利用が減り、交通事故の件数が急減したことで自動車保険事業が「最高益」となった損保は多い。

儲けすぎとの批判が起こってもおかしくない状況であり、その潤沢な利益を吹き飛ばすほどのインパクトは修理費用の増大にはないはずだ。儲けを減らさないようにと、安易に値上げの根拠として持ち出そうとしていないかという視点は、契約者であればしっかりと持っておくべきだろう。

また修理費用の増大は、損保各社の指定工場制度にも影響を及ぼしそうだ。指定工場とは、修理技術やサービス、事務手続きが高品質と損保が認めた工場のこと。指定工場に対しては、事故車を優先的に紹介・誘導する代わりに、顧客に対する無料での代車提供や修理工賃の１０％割引といった条件を課すケースが多い。

　指定工場であれば、損保としても修理費用を低減できるため、今後事故車の入庫誘導を一段と推進する動きが出てきてもおかしくはない。

　その際、懸念されるのが指定工場に対する損保各社のガバナンスだ。大手損保の指定工場だったビッグモーターでは２０２２年、修理費用の水増し請求が発覚し、不正行為や原因についての調査がまさに始まっている。

　無用なトラブルに今後巻き込まれないためにも、損保会社や整備業者を見る目はぜひとも養っておきたい。


（中村正毅）

ビッグモーター不正請求の深淵

「この問題の根は深い。ある1事業者の不正事案というだけでなく、（損害保険）業界が構造的に抱える歪みが顕在化しているのではないか」

金融庁のある幹部は、2022年夏に表面化した中古車販売大手ビッグモーターによる事故車修理費の水増し請求問題について、そう話す。

ここでいう業界の歪みとは、大きく2つに分けられる。1つ目は先に触れた損保と整備業者をめぐる修理工賃の問題だ。2022年以降の水増し請求までの経緯を振り返りながら、詳しく解説していこう。

○2022年1月：損害保険各社にビッグモーター（BM）が修理費を水増し請求し

ている旨の情報提供。
○同年2月：取引額の大きい損保ジャパン、東京海上、三井住友海上の3社が合計1500件のサンプル調査を実施。
○同年3月：サンプル調査によって全国33工場中25工場で水増し請求の疑義が発覚。
○同年6月
・損保3社がBMに関東4工場での疑義事案について自主調査を要請。
・損保3社がBMに対する事故車の入庫誘導を中止。
・損保ジャパンがBMの水増し請求事案について金融庁に任意報告。
・BMが自主調査の結果を3社に提供。水増し請求の原因は修理作業員のスキル不足や社内手続き上のミスなどと説明。
○同年7月
・BM兼重社長が損保ジャパンの担当役員を訪問。
・BM上層部が東京海上、三井住友海上への自賠責保険の割り振り停止を社内通知。

・損保ジャパンが金融庁に任意報告。水増し請求の真因は作業員のスキル不足や事務上の連携ミスだったと説明。
・損保ジャパンがＢＭへの入庫誘導を再開。
○同年8月
・東京海上と三井住友海上がＢＭに対して追加調査を要請。
・東京海上と三井住友海上がＢＭ社員へのヒアリングなど独自の実態調査に踏み切る。
○同年9月：損保ジャパンがＢＭへの入庫誘導を再び中止。
○同年10月：ＢＭが修理費の初期見積もりなどの担当部署（協定ＰＴ）を各工場に変更。
○同年12月：ＢＭが弁護士を中心とした第三者調査チームを設置。水増し請求の事実関係や真因などを調査。
○2023年1月：損保ジャパンがＢＭへの出向者5人を本社の保険金支払い部門などに戻す。

そもそも整備業界は、「損保の下請け業者のような立場で、安い工賃で搾取されている」（大手整備業者幹部）という不満を長年にわたって訴えてきた。

時に政治家をうまく利用し、そうした主張を続けてきた整備業界に対し、損保業界は釈然としない思いを抱いていた一方で、ある種の後ろめたさも感じていたはずだ。

そのため修理費の水増し請求が疑われても損保としては腫れ物に触るようにし、あえて深く追及しないという姿勢につながったとみられる。

というのもビッグモーターの水増し請求問題は元社員の内部通報をきっかけに表沙汰になったが、それまでの間、取引する損保各社がまったく疑いを持たなかったとは考えにくいからだ。

損保ジャパン、東京海上日動火災保険、三井住友海上火災保険の3社は、ビッグモーターを整備やサービスの品質が高い事業者として、全国にある約30の整備工場を指定・提携工場に設定し、3社合計で年間約3万台の事故車を優先的にあっせん（入庫誘導）していた。

3社とも指定工場に対する入庫誘導件数全体の1～2割程度が、ビッグモーター向けだったもよう。それほどビッグモーターと密な取引をし、社員まで出向させていながら、その裏側で起きていた水増し請求に損保が気づかなかったというのは、にわかには信じがたい。

そもそも水増し請求の手口が巧妙だったかといえば、そうとも言い切れない。損保ジャパンの関係者によれば、修理作業の内容を記載する報告書が、ほぼ白紙という事例も多々あったという。それを見抜けなかったという主張には無理があり、あえて見過ごしていたのではないかと疑われても仕方がない面がある。

にじむ相互依存の関係性
—ビッグモーターと大手損保各社の取引の構図—

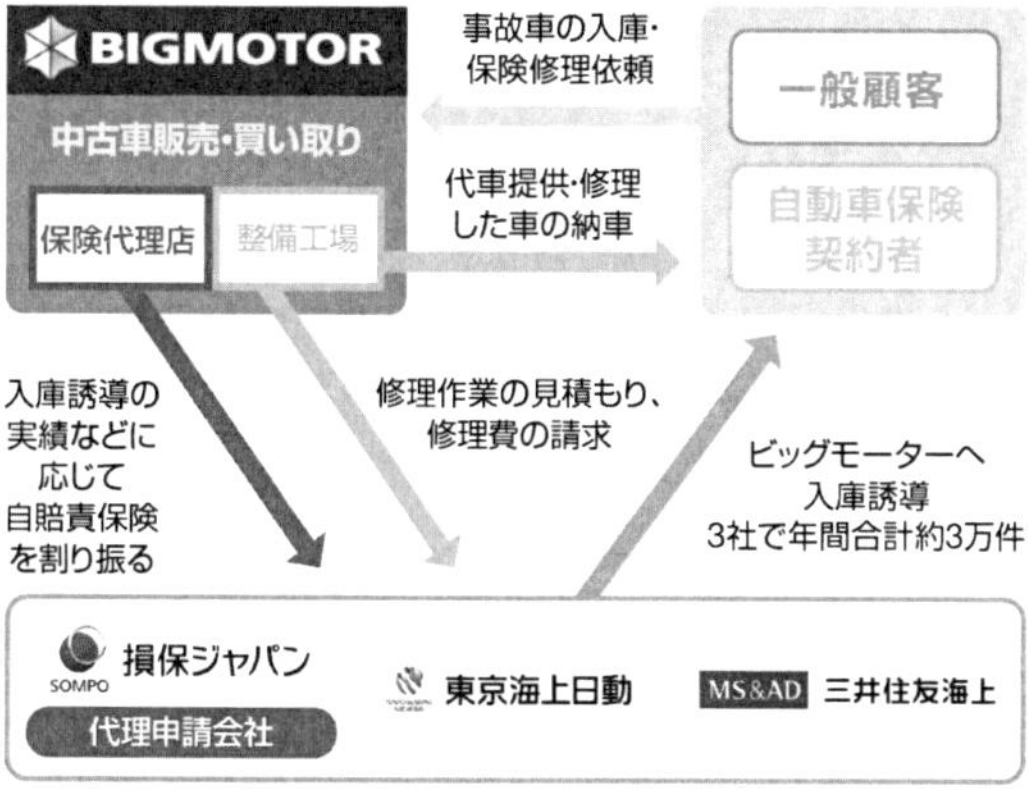

(出所)取材を基に東洋経済作成

保険代理店が招く歪み

2つ目の歪みは、整備業者が保険代理店事業を兼ねることによって生まれやすいという点だ。

ビッグモーターは大手損保3社に対して、事故車の入庫誘導実績などに応じて、自賠責保険（自動車損害賠償責任保険）の契約を割り振っていた。保険代理店として200億円近い売り上げがある状況で、損保各社としても自賠責の契約欲しさにビッグモーターへの入庫誘導を強力に推進していたわけだ。

ビッグモーターとしては、保険代理店としての強みをフル活用する形で「自賠責が欲しいなら、もっと事故車を自分たちのところに持ってこいと言わんばかりの姿勢だった」（大手損保幹部）という。

ただ、本当に問題なのはここからだ。水増し請求発覚後の2022年6月、大手3社はビッグモーターへの入庫誘導を中止し、併せて水増し請求の自主調査を要請した。

調査の結果、ビッグモーターは「（板金）工場と見積もり作成部署との連携不足や、作業員のミスなどにより一部で誤った保険金請求が行われている」として、あくまで「過失」であるとの主張を展開した。

そのため損保側は納得せず、一丸となって全容解明に向けた調査を求めていくはずだった。ところが同年7月、取引額が最も大きい損保ジャパンは、過失というビッグモーター側の主張を全面的に支持する形で、抜け駆けするかのように入庫誘導を再開したのだ。

その動きに、業界内から「ビッグモーターと何か癒着しているのではないか」「そこまでして自賠責の契約が欲しいのか」といった声が上がったのも無理はない。

さらに東京海上などの調査によって、水増し請求をめぐる組織的な関与の疑いが強まると、損保ジャパンは慌てたように入庫誘導を再び中止するなど、対応が迷走した。

そもそも損保ジャパンは、ビッグモーターの板金部門などに5人の出向者を送っていた。その出向者は修理作業を担う部署にいながら、いったい日々何をチェックしていたのか。

2022年末、東京海上と三井住友海上の度重なる追加調査の要請に折れる形で、ビッグモーターは弁護士を中心とする第三者調査チームを設置し、真相究明に向けた調査を始めている。

その直後、損保ジャパンはなぜかビッグモーターへの出向者5人を一斉に本社に引き揚げるなど、不可解な動きが続いているのも気がかりだ。

2023年1月には、損保ジャパンだけがビッグモーターの「(兼重宏行)社長と面談している」(ビッグモーター関係者)という。不正事案の追及であれば、3社がそろって会えばよいはずだが、損保ジャパンはその面談の事実すら東京海上などに伝えていない。

そうして時間だけが過ぎ、調査の終わりもいまだ見えない状況で、損保ジャパンとビッグモーターは説明責任を果たすつもりがあるのだろうか。

(中村正毅)

利上げで局面転換

異常事態の再保険市場

「保険会社のための保険」といわれる再保険の市場で今、大きな異変が起きている。2022年末、欧米地域で実施された自然災害分野の再保険の契約更改で、30％前後という大幅な保険料率の引き上げが続出したのだ。

大手損害保険会社によると「本来であれば数年かけて実現する料率の引き上げが、一度に来た格好」で、再保険を活用して自社のリスク分散を図っている損保各社は非常に厳しい状況に追い込まれている。

再保険料が急上昇
—欧米の自然災害分野の再保険料の推移—

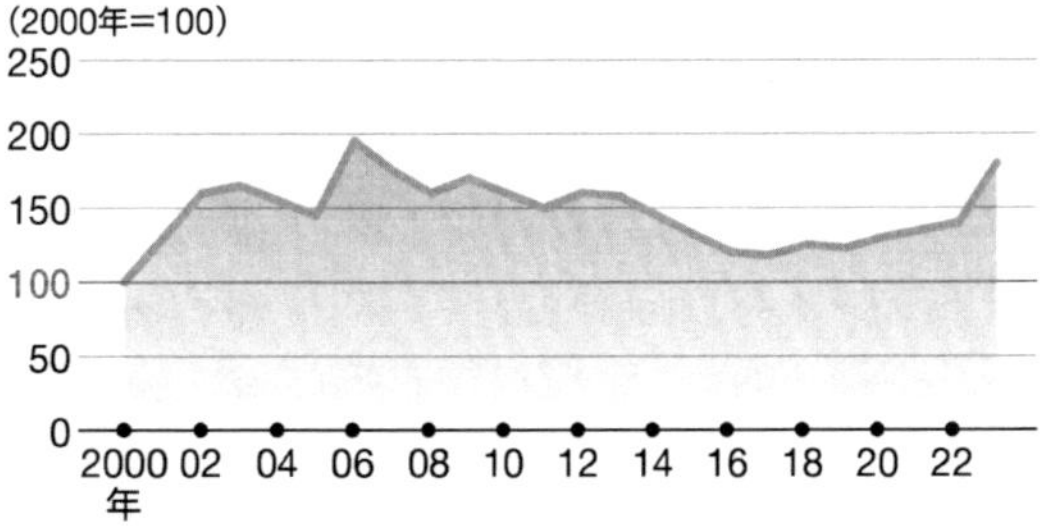

(出所)ガイカーペンター

先のグラフは欧米での自然災害分野の再保険料の推移をまとめたものだ。これを見れば自然災害分野の再保険料は2006年をピークに引き下げが続き、しばらく低空飛行していた。それが22年末に一変してしまった要因は、大きく2つある。

1つ目は、2022年春以降の世界的な金融引き締めだ。2008年の金融危機をきっかけとした世界的な金融緩和によって、再保険市場にはだぶついた緩和マネーが大量に流入していたのだ。

大きな流入先となっていたのが、損保会社などがリスク分散を狙って発行する「大災害債（キャットボンド）」という金融商品だ。大災害債は自然災害によって損害が発生しなければ、投資家が利益を得られる。

金融緩和によって超低金利の環境に陥った状況下、国債に比べて利回りが相対的に高い大災害債に世界の年金基金など投資マネーが飛びついた格好だ。

このように投資マネーなどの第三者資本が再保険市場に集中し、資本過剰の状態になったことによって、再保険の料率はかなり低く抑えられてきたのだ。

それを象徴していたのが、2017年に3度にわたって米国に襲来したハリケーンの被害だった。十数年に1度という甚大な規模の被害が及んだことで、当時、「再保険料率が10%以上引き上げられるのは間違いないだろう」といわれていた。

ところがふたを開けてみれば、再保険市場の資本過剰によって料率はわずかな上昇にとどまったのだ。

それが2022年春以降、米国をはじめとした政策金利の引き上げによって投資マネーが逆流し、再保険市場から急速に流出。米国債などに一気に向かったことで、再保険料率の急上昇を招く結果になったというわけだ。

火災保険の値上げも

2つ目の要因は、自然災害の激甚化だ。

2022年9月に米フロリダ州に上陸したハリケーン「イアン」は、損害額が500億ドル（約6・5兆円）超と過去2番目に大きい被害をもたらした。それが再保険料率の引き上げを一段と加速させている。

日本の損保各社は23年に入り、4月契約更改分の再保険料の交渉を再保険会社などと進めているが、20%以上の引き上げは避けられない見通しだという。
そもそも日本の損保各社は火災保険事業の赤字に長年苦しんできた。再保険でのコスト増が今後火災保険の値上げとして企業や個人に跳ね返ってくる可能性もあり、注視しておく必要がありそうだ。

（中村正毅）

「中小企業の経営支援を一段強化」

東京海上日動火災保険　社長・広瀬伸一

――コロナ禍を経て、損保のあり方など認識を新たにしたことを教えてください。

そもそもリスクと補償にギャップがあると、顧客をいざという事態から守り切れない。コロナ禍やサイバー攻撃など、新たなリスクや社会課題が生まれる中で、われわれはそのギャップを埋める努力を徹底していかないといけない。

日本企業の99・7％が中小企業という状況で、BCP（事業継続計画）や事業承継をめぐるリスクは大きい。2021年には中小企業に向けて各種サービスをワンストップで提供する「バディプラス」というプラットフォームを設けた。コロナに関連した助成金の解説だったり、BCPが簡単に作成できたりするコンテンツを提供している。そうした支援にもっと力を入れていきたい。

――料率が急上昇している再保険の戦略についてはいかがですか。

自然災害の激甚化で再保険会社の収益は厳しくなっている。また世界的な金融引き締めで再保険市場からの資金流出が続いていることもあって、再保険料の上昇圧力はかなり強い状態だ。

（多額の保険金支払いに備える）異常危険準備金と再保険のバランスを取りながら、リスクを財務体力の中に収めていく。再保険料が高騰しているときは、異常危険準備金を効果的に活用して対応していく方針だ。

（元受けの）火災保険部分においても、事故や災害が多い契約についてはアンダーライティング（保険引き受けの条件設定）を強化していきたい。

――ビッグモーターによる修理費の不正請求問題については、取引のあった損保としてどうけじめをつけますか。

大前提としてそうした不正請求事案が起きているということは極めて遺憾で、厳正に対処していかなければいけない。われわれは顧客対応ということに、最大のプライオリティーを置いている。調査・確認に時間がかかっているが、不正が疑われる案件は徹底的に洗い出して、顧客への返金対応などを迅速に進める。ビッグモーターにも再三、しっかりと対応してほしいということは伝えている。

現在ビッグモーターが第三者を入れて、公平・中立な調査で全容解明をすると言っているので、その結果も踏まえて万全の対応をしていきたい。

――ビッグモーターを指定工場に設定し、年間数千件にも及ぶ事故車の入庫誘導をしておきながら、なぜ不正を見抜けなかったのでしょうか。チェックがざるになっていた部分はありませんか。

（不正請求が）そうとう巧妙で悪質なものだったので、見抜くのは難しかったというのが正直なところだ。指定工場は顧客にしっかりとした価値提供ができることが前提のため、入庫誘導はすでにやめている。指定工場制度についても不祥事案が今後再発しないよう、制度を見直していく必要があるかもしれない。

――損保各社が整備業者の修理工賃の引き上げに動いています。コスト増大の要因となり、今後、自動車保険料の値上げにつながりませんか。

修理単価の増大に加えて、足元では交通事故件数もわれわれの想定以上に増えている。

そうしたことを総合的に勘案しながら保険料を設定する必要があるが、事故防止につながるサービスの強化や、デジタルによる業務プロセスの効率化など、値上げしないための不断の努力は不可欠だと考えている。

（聞き手・中村正毅）

広瀬伸一（ひろせ・しんいち）

1982年名古屋大学経済学部卒業、東京海上火災保険（現東京海上日動火災保険）入社。2014年東京海上日動あんしん生命保険社長、19年から現職。

【週刊東洋経済】

本書は、東洋経済新報社『週刊東洋経済』2023年4月15日号より抜粋、加筆修正のうえ制作しています。この記事が完全収録された底本をはじめ、雑誌バックナンバーは小社ホームページからもお求めいただけます。

小社では、『週刊東洋経済eビジネス新書』シリーズをはじめ、このほかにも多数の電子書籍ラインナップをそろえております。ぜひストアにて「東洋経済」で検索してみてください。

『週刊東洋経済eビジネス新書』シリーズ

No.432　ニッポンのSDGs&ESG
No.433　独走トヨタ 迫る試練
No.434　変わる相続・贈与の節税
No.435　東芝の末路

No.436　食糧危機は終わらない
No.437　ゼネコン　両利きの経営
No.438　すごいベンチャー2022〔前編〕
No.439　すごいベンチャー2022〔後編〕
No.440　宗教　カネと政治
No.441　岐路に立つ鉄道
No.442　学び直し全ガイド
No.443　米中　大動乱
No.444　高揚するコンサル　したたかな弁護士
No.445　半導体　復活の足音
No.446　氾濫するPR
No.447　総孤独社会
No.448　認知症　全対策
No.449　武器としての名著

No.450　世界と日本の焦点　２０２３
No.451　マンション　熱狂と盲点
No.452　日銀　宴の終焉
No.453　ＮＨＫ　受信料ビジネスの正体
No.454　大増税時代の渡り方
No.455　背水のホンダ
No.456　エネルギー危機と脱炭素
No.457　失敗しないＤＸ
No.458　ニッポンの給料
No.459　シン・総合商社
No.460　狙われる高齢者

週刊東洋経済eビジネス新書　No.461
激変の生保・損保の憂鬱

【本誌（底本）】
編集局　中村正毅、高見和也
デザイン　杉山未記、藤本麻衣
進行管理　下村　恵
発行日　2023年4月15日

【電子版】
編集制作　塚田由紀夫、長谷川　隆
デザイン　大村善久
制作協力　丸井工文社
発行日　2024年8月29日　Ver.1

発行所　〒103-8345
東京都中央区日本橋本石町1-2-1
東洋経済新報社
電話　東洋経済カスタマーセンター
03（6386）1040
https://toyokeizai.net/
発行人　田北浩章

電子書籍化に際しては、仕様上の都合などにより適宜編集を加えています。登場人物に関する情報、価格、為替レートなどは、特に記載のない限り底本編集当時のものです。一部の漢字を簡易慣用字体やかなで表記している場合があります。本書は縦書きでレイアウトしています。ご覧になる機種により表示に差が生じることがあります。

※本刊行物は、電子書籍版に基づいてプリントオンデマンド版として作成されたものです。